DISCOURS

PRONONCÉ LE 11 AOUT 1842 AUX OBSÈQUES

DE M. LE BARON LARREY.

DISCOURS

PRONONCÉ LE 11 AOUT 1842, AUX OBSÈQUES

DE M. LE BARON LARREY,

PAR M. MOIZIN,

Médecin inspecteur, membre du Conseil de santé
des armées.

PARIS,

IMPRIMERIE DE MOQUET ET HAUQUELIN,
Rue de la Harpe, 90.

1843

DISCOURS

PRONONCÉ LE 11 AOUT 1842, AUX OBSÈQUES
DE M. LE BARON LARREY;

Par M. MOIZIN,

Médecin inspecteur, membre du Conseil de santé
des armées.

Messieurs,

Organe du conseil de santé des armées, je viens, avant que la tombe nous sépare à jamais de notre collègue, exprimer les regrets que sa perte nous a fait éprouver, ainsi qu'à tous les officiers de santé militaires.

C'est comme chirurgien militaire que M. Larrey a particulièrement droit à nos hommages, et c'est à ce titre surtout que j'ai pour mission de saluer ses restes, laissant aux éloquents interprètes des académies auxquelles il avait l'honneur d'appartenir, le soin d'apprécier les services qu'il a rendus à la science.

Hippocrate, reconnaissant combien il est difficile de

concilier la longueur des études qu'exige la profession de médecin avec la courte durée de la vie, voulait que dès l'enfance on commençât dans un lieu et sur un plan convenables, l'éducation spéciale des sujets que l'on destinait à cette carrière. Larrey eut cet avantage, et c'est peut-être à lui et aux impressions de son jeune âge, qu'il dut l'ardent amour pour son art dont il n'a cessé de donner des preuves.

Né le 8 juillet 1766, à Beaudéan, petit village des Hautes-Pyrénées, et orphelin de bonne heure, il trouva dans son oncle Alexis Larrey, chirurgien distingué de Toulouse, un second père qui l'appela auprès de lui, dirigea ses études élémentaires et l'initia bientôt aux notions et aux devoirs de la profession qu'il devait embrasser.

Après avoir passé sept années à cette école, le jeune Larrey vint à Paris en 1787, disputer, dans un concours public, un des emplois de chirurgien auxiliaire de la marine royale de Brest. Dès lors commença sa carrière publique, carrière qui a compris plus d'un demi-siècle et qui a été si bien fournie.

Arrivé à Brest, et après un nouvel examen, Larrey fut nommé d'emblée chirurgien-major; il s'embarqua l'année suivante en cette qualité sur un vaisseau de l'état qui devait faire voile vers les parages de Terre Neuve : l'expédition dura six mois.

A son retour, Larrey se rendit de nouveau à Paris, où il consacra cinq ans à l'achèvement de ses études, sous les auspices des grands maîtres qui brillaient à cette époque ; il se fit particulièrement distinguer et chérir par Sabatier ; ce qui était déjà un honneur d'un grand prix.

Cependant la révolution française avait ébranlé le monde ; les puissances étrangères menaçaient notre territoire ; plusieurs armées couraient aux frontières pour les défendre. Larrey fut en 1792, attaché à celle du Rhin, avec le grade de chirurgien-aide-major.

Sa première apparition sur les champs de bataille fut marquée par une amélioration conforme à la mission d'humanité qu'il avait à y remplir, par un véritable bienfait public, par la création des ambulances volantes, immortalisées par plusieurs ordres du jour, et qui fut plus tard l'un des titres mentionnés dans le décret qui le nomma commandant de la légion d'honneur.

Dès cette époque se manifestèrent la grande aptitude de Larrey pour la chirurgie des armées, son zèle infatigable et son dévouement sans bornes ; dès lors sa place était marquée à la tête de la chirurgie militaire.

Il fut alors nommé professeur d'anatomie à l'hôpital militaire d'instruction établi au Val-de-Grâce ; mais à peine cette école, devenue si célèbre , commençait-elle à briller de quelque éclat, que ses travaux furent interrompus par la dispersion des professeurs , presque tous appelés aux armées.

Larrey fut d'abord envoyé à l'armée d'Italie , où il n'arriva que pour saluer le jeune et brillant général qui venait de conquérir une paix glorieuse ; il revint à Paris dans le dessein de reprendre l'enseignement de sa science favorite, et à peine arrivé, il reçut l'ordre de se rendre à Toulon pour l'expédition de la Méditerranée , dont le but était inconnu , mais dont l'importance était révélée par l'étendue des préparatifs qui se faisaient, et surtout par le choix du chef qui devait la commander. On sait qu'un mois après cette armée débarquait en Egypte. Tout le monde connaît les débuts héroïques, puis les revers de cette mémorable expédition. Larrey, dans l'exercice de son art bienfaisant, s'y montre l'égal des guerriers qui ont laissé dans cette contrée un souvenir si honorable et si vivace pour le nom français : lui aussi a eu sa part dans l'admiration des quarante siècles qui contem-

plaient du haut des Pyramides nos valeureux batail-
lons !

En même temps, comme membre de cet Institut
d'Egypte qui dans une si courte existence a acquis une
grande et juste renommée, Larrey recueillit les maté-
riaux de plusieurs mémoires qui furent plus tard réunis
sous le titre de *Relation chirurgicale de l'armée d'O-
rient.*

De retour en France en 1802, il assista aux campagnes de Boulogne-sur-Mer, d'Ulm, d'Austerlitz, à
celles de Prusse et de Pologne. Les campagnes d'Es-
pagne, celles d'Autriche, de Russie, de France, puis
celle des cent jours, complétèrent et terminèrent cette
longue série de services de guerre, rendus dans les
circonstances les plus glorieuses ou les plus désas-
treuses, sous le feu de l'ennemi et avec un dévouement
que Larrey savait communiquer à ses collaborateurs.
Aussi son nom était-il en quelque sorte la providence
des blessés.

Le temps ni le lieu ne nous permettent pas de citer
tous les actes de dévouement de Larrey, toutes les
preuves de ce génie chirurgical qui saisit avec promp-
titude les indications les plus rationnelles, et qui im-
provise des ressources au milieu même du dénuement.

Ces détails appartiennent à sa biographie. Qu'il nous suffise de dire que partout on le trouvait occupé à prodiguer ses soins à nos valeureux blessés, ou à veiller à l'instruction des nombreux chirurgiens placés sous ses ordres ; car le besoin de communiquer les fruits de son expérience était aussi l'un des traits de son caractère, et il ne mérite pas moins sous ce rapport que sous plusieurs autres d'être donné pour modèle à l'imitation de ses successeurs.

Après tant de guerres et de fatigues, une longue période de paix s'ouvrit enfin : ce ne fut point pour Larrey une période de repos. Nommé successivement chirurgien en chef de l'hôpital militaire du Gros-Caillou, membre de l'Académie de médecine, du conseil de salubrité, de l'Académie des sciences, où il ne retrouva qu'un petit nombre de ses anciens collègues de l'Institut d'Egypte, chirurgien inspecteur, membre du conseil de santé des armées et chirurgien en chef de l'hôtel des Invalides, il consacra son énergie extraordinaire aux nombreux devoirs que lui imposaient ces diverses fonctions, et surtout au perfectionnement de la chirurgie militaire : il fit régulièrement au Gros-Caillou et aux Invalides, tant qu'il en fut le chirurgien en chef, des leçons de clinique qui attiraient un grand nombre de médecins étrangers appelés par sa célébrité. Enfin nous l'avons vu, avec une assiduité qui ne s'est jamais ralentie, assister à nos séances, et apporter dans nos délibérations l'ardeur de son zèle pour le bien-être du soldat et pour l'amélioration du service de santé, aussi bien que les lumières de son immense et si utile expérience.

Le ministre de la guerre, dans sa sollicitude pour l'armée, ayant décidé, depuis plusieurs années, que des inspections médicales seraient faites dans les places de l'intérieur et dans l'Algérie, Larrey, à cette occasion, sentit se réveiller dans son cœur les souvenirs de l'expédition d'Egypte ; il voulut traverser une fois encore la mer pour être témoin des succès de notre jeune armée, et surtout pour étudier sur les lieux les maladies qui l'affligent ; il demanda donc, et il obtint d'être chargé cette année de l'inspection médicale de l'Algérie, résolution qui nous inspira à tous de graves inquiétudes, et qui m'en inspira à moi surtout, que l'expérience avait instruit. Larrey, au contraire, reçut avec enthousiasme cet ordre qu'il avait tant désiré ! Cet enthousiasme l'accompagna, le soutint peut-être sur la terre sèche et sous le ciel ardent de l'Algérie : il y fut l'objet d'une admiration universelle pour l'activité incomparable qu'il y déploya, malgré ses soixante-seize ans. L'armée eut alors le secret de cette réputation si grande, et de la haute estime qu'avait accordée au chirurgien en chef de sa garde, le héros qui appréciait si bien les services rendus à ses compagnons d'armes. Ce chef de l'état qui avait si bien compris que la rémunération des grands services honore celui qui la décerne comme celui qui la reçoit, l'avait nommé successivement officier, puis commandeur de la Légion-d'Honneur, chevalier de la Couronne de fer, etc. Qui pourrait dire quelle dignité il aurait refusée à celui qui, pendant les vingt-sept dernières années de sa vie, a continué à servir avec le même zèle, et qui, trompé par son courage, est allé puiser la mort dans l'accomplissement d'un devoir sur cette terre de gloire, où notre jeune armée continue les jours brillants de ses devanciers ?

En perdant le plus illustre de leurs chefs, les officiers de santé militaires, conservent toutefois son grand nom au milieu des leurs. Larrey laisse un fils qui a su déjà conquérir un des premiers rangs parmi les plus dignes. Aux qualités sociales qui le font aimer, il réunit le savoir à la modestie, la prudence et la sagesse qui conseillent, à l'habileté qui exécute, et à la douceur qui console. Heureux père d'avoir laissé après lui un tel fils qui , non seulement fit le bonheur de sa vie , mais qui conservera l'éclat de son nom au corps dont il a été le chef , et qu'il a si longtemps honoré !

Larrey, cher et très regrettable collègue, la meilleure partie de toi-même ne restera pas ensevelie dans l'ombre et le silence de cette tombe ; elle a été vouée à la postérité par la dernière et immortelle volonté du héros de notre siècle. Il y a quelques mois , ton nom a été gravé avec ceux de Desgenettes et Percy sous les voûtes de l'Arc-de-Triomphe , où sont inscrits les noms des généraux qui ont le mieux mérité de la patrie. Nous te remercions d'avoir conquis cette gloire à notre corps.

A ces trois noms , Messieurs, qu'il nous soit permis de joindre ceux des Coste , Parmentier , Heurteloup , · Laubert, Broussais, Sérullas, Gorcy, Willaume, Brassier, Rampont, Rapatel et Vaidy, qui, dans nos écoles, ont instruit une jeunesse laborieuse , ont prodigué leurs soins aux braves frappés par le fer ou le feu de l'ennemi, ou atteints par les épidémies.

Ces exemples , jeunes collaborateurs, qui voulez bien m'écouter, vous les suivrez, ces modèles, vous les imiterez , et vous perpétuerez ainsi les traditions qui honorent le corps des officiers de santé de l'armée

Sur cette tombe qui va se fermer , sur les restes mortels du chef qui durant un demi-siècle vous donna l'exemple de toutes les qualités du chirurgien militaire, vous viendrez puiser le désir et prendre l'engagement de rester dignes de ces grands modèles , vous n'oublierez pas que si leur nom est conservé dans le cœur des braves de l'armée, ou gravé sur les colonnes élevées à sa gloire, ils doivent être pour vous un sujet d'émulation , comme ils seront toujours l'honneur du corps auquel ils ont appartenu.

9 7 8 2 0 1 9 2 9 7 6 6 4